Książka kucharska o herbacie leczniczej

100 przepisów odżywczych dla umysłu, ciała i ducha. Odkryj kojące zalety domowych mieszanek herbat ziołowych

Gabriel Brzeziński

Prawa autorskie ©2023

Wszelkie prawa zastrzeżone

Bez odpowiedniej pisemnej zgody wydawcy i właściciela praw autorskich tej książki nie można używać ani rozpowszechniać w żaden sposób, w żadnym kształcie ani formie, z wyjątkiem krótkich cytatów użytych w recenzji. Niniejsza książka nie powinna być traktowana jako substytut porady lekarskiej, prawnej lub innej porady zawodowej.

SPIS TREŚCI

SPIS TREŚCI 3
WSTĘP 6
1. Herbata na infekcję pęcherza 7
2. Herbata bluesowa 9
3. Herbata na przekrwienie oskrzeli 11
4. Herbata z echinacei i korzeni 13
5. Herbata z korzeni leśnych 15
6. Herbata z prawoślazu, łopianu i korzeni mniszka lekarskiego ... 17
7. Herbata z korzenia arcydzięgla i melisy 19
8. Herbata na sen z bylicy i korzenia waleriany 21
9. Przestań pić herbatę na kaszel 23
10. Herbata z korzenia prawoślazu 25
11. Mrożona herbata imbirowo-pomarańczowa 27
12. Uzdrawiająca herbata imbirowa 29
13. Nowoczesna herbata ziołowa 31
14. Herbata chmielowa i gotu kola Remedy 33
15. Mieszanka sezonowa dla alergików 35
16. Herbata z mieszanki Afrodyty 37
17. Herbata budująca krew z żółtego doku 39
18. Herbata o kwiatach zdrowia 41
19. Herbata zdrowotna dla piersi 43
20. Herbata na przeziębienie i grypę 45
21. Herbata z dziurawca i kwiatów lipy 47
22. Mieszanka herbaty relaksującej 49
23. Herbata z kocimiętką i werbeną 51
24. Miga Mieszanka herbaty 53
25. Herbata na dobry brzuszek 55
26. Herbata na bezsenność 57
27. Herbata mniej stresująca 59
28. Herbata poprawiająca nastrój 61
29. Mieszanka pamięci 63
30. Herbata na migrenę 65
31. Herbata księżycowa 67
32. Herbata „Moje nerwy są zastrzelone". 69
33. Herbata o naturalnym zagęszczeniu 71
34. Kwiaty goździków i rumiankowa herbata na nudności 73
35. Herbata z dziurawca i waleriany 75
36. Chmiel, pokrzywa i liście truskawek Herbata 77
37. Herbata z liści malin i kocimiętki 79
38. Herbata z melisą i oregano na spokojny czas 81

39. Herbata relaksacyjna z melisą 83
40. Herbata kojąca z hyzopu 85
41. Herbata z melisy na nerwowość 87
42. Miętowa herbata na brzuch 89
43. Herbata miętowa i melisowa 91
44. Herbata mądrej kobiety 93
45. Połączenie waleriany i padaczki jarmułkowej 95
46. Rumiankowa herbata na zgagę 97
47. Herbata pielęgnująca pamięć Gingko Biloba 99
48. Chmielowa herbata nasenna dla niemowląt 101
49. Herbata pogromca depresji brzeczki 103
50. Herbata miętowo-pomarańczowa 105
51. Herbata mrożona z granatów 107
52. Mrożona herbata malinowo-bazyliowa 109
53. Herbata mrożona z rumiankiem malinowym 111
54. Herbata mrożona z malin i winogron 113
55. Odświeżający zapach malinowego hibiskusa 115
56. Musująca mrożona herbata żurawinowa 117
57. Musująca mrożona herbata jabłkowa 119
58. Musująca herbata jabłkowa 121
59. Musująca herbata jagodowa 123
60. Zielona herbata truskawkowa 125
61. Herbata mrożona truskawkowo-cytrynowa 127
62. Herbata truskawkowo-mandarynkowa 129
63. Letnia herbata pomarańczowa 131
64. Mrożona herbata z mandarynką i lawendą 133
65. Mrożona herbata truskawkowo-mandarynkowa 135
66. Herbata mrożona z ogórkiem limonkowym 137
67. Herbata mrożona z limonką 139
68. Zielona herbata mango 141
69. Herbata klonowo-malinowa 143
70. Herbata żurawinowa mamy 145
71. Tropikalna mrożona herbata 147
72. Herbata waniliowo-jaśminowa 149
73. Mrożona cytrusowa herbata do opalania 151
74. Mrożona herbata imbirowo-ananasowa 153
75. Herbata z hibiskusa i granatu 155
76. Herbata jaśminowa z mlekiem migdałowym 157
77. Mrożona herbata miętowo-rakietowa 159
78. Herbata cayenne 161
79. Herbata malezyjska 163
80. Herbata toffi cynamonowa 165

81. Herbata pomarańczowo-gałkowa 167
82. Herbata Sajgon 169
83. Herbata masala 171
84. Rosyjska herbata 173
85. Chai Kurdi 175
86. Mrożona herbata cynamonowo-gruszkowa 177
87. Herbata pomarańczowa z goździkami i gałką muszkatołową 179
88. Spritzer z kokosowymi nasionami chia 181
89. Herbata z nasion kopru 183
90. Herbata z nasion kolendry 185
91. Gorąca herbata lotosowa 187
92. Herbata z lawendą i nasionami kopru włoskiego 189
93. Herbata wiatropędna z nasion kopru włoskiego 191
94. Herbata z rumianku i kminku 193
95. Herbata z dzikiej róży z nasionami kolendry 195
96. Przyprawiona ulga w nasionach anyżu 197
97. Herbata z mlekiem kokosowym 199
98. Uzdrawiająca herbata cytrynowo-miętowa 201
99. Cytrusowa herbata do opalania 203
100. Herbata Epazote 205

WNIOSEK 207

WSTĘP

Witamy w Książka kucharska o herbacie leczniczej, zbiorze przepisów i mądrości na temat stosowania ziół i roślin do tworzenia odżywczych i odmładzających mieszanek herbacianych. Na tych stronach znajdziesz różnorodne przepisy na różne rodzaje herbat, od uspokajającego rumianku po orzeźwiający imbir. Ale ta książka kucharska to coś więcej niż tylko przepisy. Chodzi o moc herbaty, która leczy i odnawia nasze ciała i umysły.

W całej historii ludzie zwracali się ku herbacie jako źródłu pocieszenia i uzdrowienia. Niezależnie od tego, czy jest to filiżanka kojącej herbaty rumiankowej przed snem, czy gorąca herbata imbirowa na ból gardła, herbata poprawia nasze samopoczucie. A przy odpowiedniej kombinacji ziół i przypraw herbata może mieć jeszcze silniejsze właściwości lecznicze.

W tej książce kucharskiej dowiesz się o różnych rodzajach ziół i roślin, których można użyć do stworzenia leczniczych mieszanek herbat, a także o konkretnych korzyściach zdrowotnych poszczególnych składników. Od wzmacniającej odporność echinacei po redukującą stres ashwagandhę – odkryjesz uzdrawiającą moc roślin i to, jak mogą one wspierać twoje ogólne zdrowie i dobre samopoczucie.

Niezależnie od tego, czy szukasz pocieszającej filiżanki herbaty, która pomoże Ci odpocząć po długim dniu, czy też mocnej mieszanki, która wspomoże Twój układ odpornościowy w sezonie przeziębień i grypy, Książka kucharska z herbatą uzdrawiającą ma coś dla Ciebie. Wznieśmy puchar za Twoje zdrowie i szczęście!

1. **Herbata na infekcję pęcherza**

ROBI:2

SKŁADNIKI
- 1 ½ uncji suszonego nawłoci
- 1/4 uncji jagód jałowca
- ¾ uncji posiekanego korzenia mniszka lekarskiego
- ¾ uncji posiekanych owoców dzikiej róży

INSTRUKCJE:
- ☑ 2 łyżeczki mieszanki zalać 1 szklanką wrzącej wody.
- ☑ Parz przez 10 minut i odcedź.
- ☑ Wypij jedną filiżankę.

2. Herbata bluesowa

ROBI:2

SKŁADNIKI
- 1 część liści pokrzywy,
- 1-częściowe topy z dziurawca zwyczajnego
- 2-częściowa mięta ogrodowa
- 1 część liści damiany
- 1-częściowy korzeń kava kava
- malutka szczypta stewii

INSTRUKCJE:
- ☑ Wszystkie zioła włóż do torebki herbaty, włóż do kubka i zalej wrzącą wodą.
- ☑ Parz przez 10 minut.
- ☑ Wyjmij torebkę z herbatą i dodaj słodzik.

3. **Herbata na przekrwienie oskrzeli**

ROBI:2

SKŁADNIKI
- 1 ½ uncji anyżu
- 1 uncja kwiatów nagietka
- 3/4 uncji korzenia prawoślazu
- 1/3 uncji korzenia lukrecji

INSTRUKCJE:
- ☑ Zmiażdż nasiona anyżu i dodaj do ziół.
- ☑ 1 łyżeczkę mieszanki zalać 1 szklanką wrzącej wody.
- ☑ Przykryj i zaparzaj przez 10 minut.

4. Herbata z echinacei i korzeni

ROBI: 2

SKŁADNIKI

- 1 część korzenia echinacei purpurea
- 1-częściowa pau d'arco
- 1 część surowego korzenia mniszka lekarskiego, prażona
- 1-częściowa kora sarsaparilli
- 1 część kory cynamonu
- 1 część korzenia imbiru
- 1 część korzeni łopianu
- 1-częściowa kora sasafrasu
- szczypta stewii

INSTRUKCJE:

- ☑ Wszystkie zioła włóż do torebki herbaty, włóż do kubka i zalej wrzącą wodą.
- ☑ Parz przez 10 minut.
- ☑ Wyjmij torebkę z herbatą i dodaj słodzik.

5. Herbata z korzeni leśnych

ROBI: 2

SKŁADNIKI

- 1 część echinacei purpurea
- 1-częściowy oman
- 1 część imbiru
- 1 część każdego korzenia zapalenia opłucnej i lukrecji
- 1-częściowa kora dębu białego
- 1 część kory cynamonu
- Po 1 części skórki pomarańczowej i nasion kopru włoskiego

INSTRUKCJE:

- ☑ Umieść wszystkie zioła w torebce z herbatą.
- ☑ Włożyć do kubka, zalać wrzącą wodą.
- ☑ Parz przez 10 minut.
- ☑ Wyjmij torebkę z herbatą i dodaj słodzik.

6. Herbata z prawoślazu, łopianu i korzeni mniszka lekarskiego

ROBI: 2

SKŁADNIKI
- 1-częściowy żeń-szeń syberyjski
- 1-częściowy korzeń mniszka lekarskiego
- 1 część pokrzywy
- 1 część każdego korzenia prawoślazu i łopianu
- Po 1 części jagód głogu i palmy sabałowej
- 1 część nasion kopru włoskiego
- 1 część dzikiego owsa
- szczypta stewii

INSTRUKCJE:
- ☑ Wszystkie zioła włóż do torebki herbaty, włóż do kubka i zalej wrzącą wodą.
- ☑ Parz przez 10 minut.
- ☑ Wyjmij torebkę z herbatą i dodaj słodzik.

7. Herbata z korzenia arcydzięgla i melisy

ROBI: 1

SKŁADNIKI
- 1 łyżeczka korzenia arcydzięgla
- 2 łyżeczki liści melisy
- ½ łyżeczki nasion kopru włoskiego

INSTRUKCJE:
- ☑ Zagotuj korzeń arcydzięgla w 4 szklankach wody.
- ☑ Wyłącz ogień i dodaj melisę i cytrynę.
- ☑ Parz przez 10 minut i odcedź.

8. Herbata na sen z bylicy i korzenia waleriany

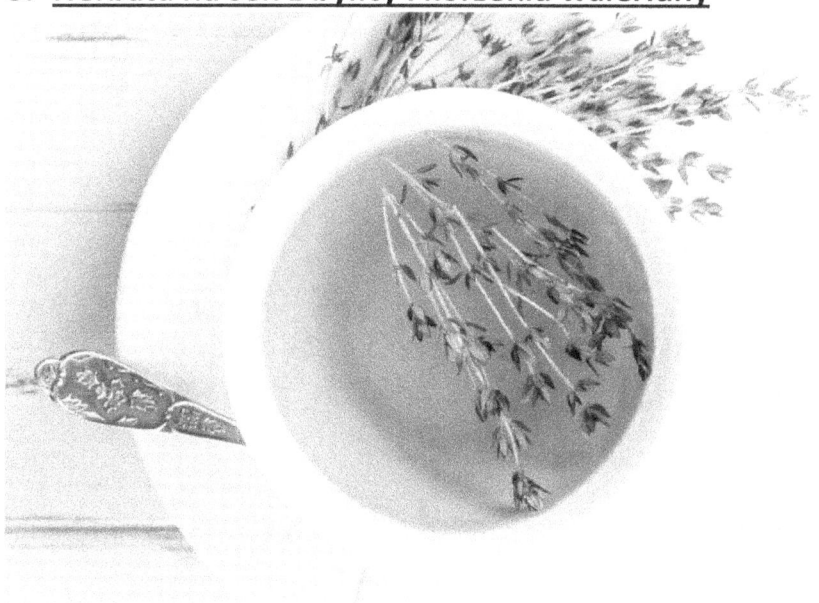

ROBI: 2

SKŁADNIKI
- 2 łyżki chmielu
- 1 łyżeczka lawendy
- 1 łyżeczka rozmarynu
- 1 łyżeczka tymianku
- 1 łyżeczka bylicy
- 1 łyżeczka szałwii
- 1 szczypta korzenia waleriany

INSTRUKCJE:
- ☑ Weź łyżeczkę mieszanki i zalej ją 1 szklanką gorącej wody.
- ☑ Odstaw na 3 minuty, następnie odcedź.

9. Przestań pić herbatę na kaszel

ROBI: 2

SKŁADNIKI
- 1 łyżka śliskiego wiązu
- 1 łyżka dziewanny
- 1 łyżka kocimiętki
- 1 łyżka kory korzenia lukrecji

INSTRUKCJE:
- ☑ Najpierw gotuj korę w dwóch szklankach wody przez 10 minut.
- ☑ Resztę ziół umieść w filtrze do kawy, a filtr umieść na sitku.
- ☑ Herbatę lukrecjową przecedzić przez sitko do kubka i wypić.
- ☑ Można dodać miód i cytrynę.

10.Herbata z korzenia prawoślazu

ROBI: 2

SKŁADNIKI:
- 3 części organicznego korzenia prawoślazu
- 2-częściowe organiczne pąki róż
- 2 części organicznej świętej bazylii Vana
- 1-częściowy organiczny proszek cynamonu kasja

INSTRUKCJE:
- ☑ Wszystkie zioła wymieszaj w misce.
- ☑ Doprowadź wodę do wrzenia.
- ☑ Przełóż mieszankę do sitka do herbaty.
- ☑ Zalej mieszankę herbat wodą, przykryj i odstaw na 10 minut
- ☑ Użyj 1/4 filiżanki mieszanki herbat na każdą zaparzoną 1 filiżankę.

11. Mrożona herbata imbirowo-pomarańczowa

ROBI: 8 PORCJI

SKŁADNIKI:
- 1/2 szklanki miodu
- Sok z 1/2 cytryny
- 1-calowy korzeń imbiru, obrany i pokrojony
- 4 torebki herbaty pomarańczowej
- 4 torebki herbaty
- 6 szklanek wrzącej wody
- Zimna woda, według potrzeby

INSTRUKCJE:
- ☑ Włóż torebki herbaty i wrzącą wodę do słoika; następnie strome przez około pół godziny.
- ☑ Wyjmij torebki herbaty i wymieszaj z resztą składników.
- ☑ Podawać schłodzone z lodem.

12.Lecznicza herbata imbirowa

ROBI: 2

SKŁADNIKI

- 2 szklanki wody
- 4 łyżki startego korzenia imbiru

INSTRUKCJE:

☑ Włóż do garnka pod przykryciem, zagotuj, wyłącz ogień i odstaw na dwie godziny.

☑ Ponownie podgrzej herbatę, odcedź ziele z herbaty i wypij.

13. Nowoczesna herbata ziołowa

ROBI: 2

SKŁADNIKI

- 1-częściowe kwiaty koniczyny czerwonej
- 1 część liści pokrzywy
- 1-częściowy Pau d'Arco
- 1 część liści lucerny i szałwii
- 1-częściowe topy z dziurawca zwyczajnego
- 1 część korzenia imbiru

INSTRUKCJE:

- ☑ Umieść wszystkie zioła w torebce z herbatą.
- ☑ Włożyć do kubka, zalać wrzącą wodą.
- ☑ Parz przez 10 minut.
- ☑ Wyjmij torebkę z herbatą i dodaj słodzik.

14.Herbata chmielowa i gotu kola Remedy

ROBI: 2

SKŁADNIKI
- 1 łyżeczka chmielu
- 1 łyżeczka Gotu Kola

INSTRUKCJE:
- ☑ Zagotuj 1 1/2 szklanki wody.
- ☑ Umieść zioła w środku.
- ☑ Załóż szczelnie pokrywkę i pozostaw do zaparzenia na 5 minut.
- ☑ Pij dwa razy dziennie.

15. Mieszanka sezonowa dla alergików

ROBI: 2

SKŁADNIKI
- 1 część pokrzywy
- 1 część mięty pieprzowej
- 1 część mięty zielonej
- 1-częściowa yerba Mikołaja
- świetlik 1-częściowy
- 1 poklepanie liści trawy cytrynowej
- 1-częściowy nagietek
- 1 część koniczyny czerwonej
- 1-częściowe kwiaty lawendy
- 1 część nasion kopru włoskiego
- szczypta stewii

INSTRUKCJE:
- ☑ Umieść wszystkie zioła w torebce z herbatą.
- ☑ Włożyć do kubka, zalać wrzącą wodą.
- ☑ Parz przez 10 minut.
- ☑ Wyjmij torebkę z herbatą i dodaj słodzik.

16.Herbata Mieszanka Afrodyty

ROBI:2

SKŁADNIKI

- 1-częściowe liście Damiana
- 1-częściowe płatki róż
- 1 część liści mięty pieprzowej
- 1-częściowa muira puama
- 1 część liści miłorzębu
- 1-częściowa skórka pomarańczowa
- 1-częściowe chipsy z kory cynamonu
- szczypta stewii

INSTRUKCJE:

- ☑ Umieść wszystkie zioła w torebce z herbatą.
- ☑ Włożyć do kubka, zalać wrzącą wodą.
- ☑ Parz przez 10 minut.
- ☑ Wyjmij torebkę z herbatą i dodaj słodzik.

17.Herbata budująca krew z żółtego doku

ROBI: 3 KUBKI

SKŁADNIKI
- 1 łyżeczka rozdrobnionych owoców dzikiej róży
- 1 łyżeczka miotły rzeźniczej
- 1 łyżeczka Żółtego Doku

INSTRUKCJE:
- ☑ Zagotuj 3 1/2 szklanki wody.
- ☑ Usuń wodę z ognia i dodaj zioła.
- ☑ Załóż szczelną pokrywkę na garnek.
- ☑ Pozostaw mieszaninę do zaparzenia na pięć do dziesięciu minut.
- ☑ Pij jedną filiżankę trzy razy dziennie.

18. Herbata „Kwitnące Zdrowie".

ROBI: 2

SKŁADNIKI
- 1 część liści miłorzębu japońskiego
- Jednoczęściowe topy z czerwoną koniczyną
- 1 część liści pokrzywy
- 1-częściowe słodkie liście łąkowe
- 2-częściowy nagietek
- 2 części rumianku
- 2-częściowe kwiaty lawendy
- 1 część liści gotu kola
- szczypta stewii.

INSTRUKCJE:
- ☑ Umieść wszystkie zioła w torebce z herbatą.
- ☑ Włożyć do kubka, zalać wrzącą wodą.
- ☑ Parz przez 10 minut.
- ☑ Wyjmij torebkę z herbatą i dodaj słodzik.

19.Herbata zdrowotna dla piersi

ROBI:2

SKŁADNIKI
- 2-częściowy nagietek
- 2-częściowa koniczyna czerwona
- 1-częściowe tasaki
- Jednoczęściowy płaszcz damski
- Mięta zielona lub mięta pieprzowa

INSTRUKCJE:
☑ Zaparzaj przez noc w 4 szklankach wody.
☑ Pij 4 filiżanki dziennie.

20.Herbata na przeziębienie i grypę

ROBI:2

SKŁADNIKI
- 1 uncja liści jeżyny
- 1 uncja kwiatów czarnego bzu
- 1 uncja kwiatów lipy
- 1 uncja liści mięty pieprzowej

INSTRUKCJE:
- ☑ 2 łyżki mieszanki zalać 1 szklanką wrzącej wody.
- ☑ Przykryj i stromuj przez 10 minut; napięcie.

21. Herbata z dziurawca i kwiatów lipy

ROBI:2

SKŁADNIKI
- 1/3 uncji dziurawca zwyczajnego
- 2/3 uncji tymianku
- 2/3 uncji kwiatów lipy

INSTRUKCJE:
- ☑ Zaparzaj przez 7 minut w 1 szklance gorącej wody, a następnie odcedź.
- ☑ W razie potrzeby dosłodzić.

22.Mieszanka herbat relaksacyjnych

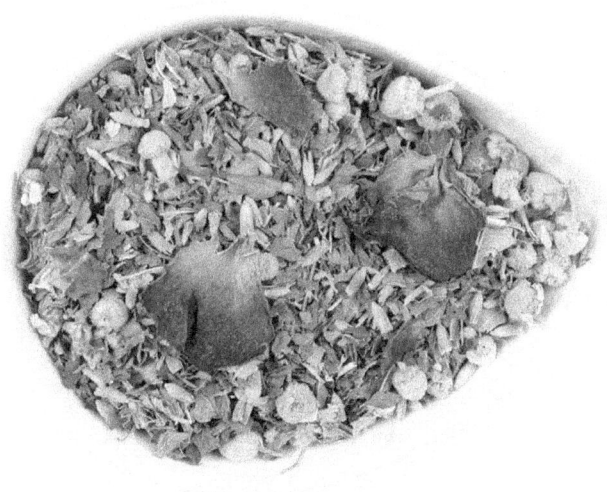

ROBI:2

SKŁADNIKI

- 1-częściowe róże
- 1-częściowe kwiaty lawendy
- 1 część liści werbeny cytrynowej
- 1-częściowe kwiaty rumianku
- Po 1 części liści mięty pieprzowej i zielonej
- 1-częściowe kwiaty niebieskiej malwy
- szczypta stewii

INSTRUKCJE:

- ☑ Umieść wszystkie zioła w torebce z herbatą.
- ☑ Włożyć do kubka, zalać wrzącą wodą.
- ☑ Parz przez 10 minut.
- ☑ Wyjmij torebkę z herbatą i dodaj słodzik.

23.Herbata z kocimiętką i werbeną

ROBI: 1

SKŁADNIKI
- 1 łyżeczka suszonej kocimiętki
- 1 łyżeczka suszonej werbeny

INSTRUKCJE:
- ☑ Zioła zalać 2 szklankami wrzącej wody.
- ☑ Parz przez 10 minut i odcedź.

24.Miga Mieszanka herbaty

ROBI:2

SKŁADNIKI
- 1-częściowa szałwia
- Serdecznik 1-częściowy
- 1 część mniszka lekarskiego
- 1 część ciecierzycy i liści fiołka
- 1 część kwiatów czarnego bzu i słomy owsianej

INSTRUKCJE:
- ☑ Umieść wszystkie zioła w torebce z herbatą.
- ☑ Włożyć do kubka, zalać wrzącą wodą.
- ☑ Parz przez 10 minut.
- ☑ Wyjmij torebkę z herbatą i dodaj słodzik.

25.Herbata na wesoły brzuszek

ROBI: 2

SKŁADNIKI

- 1 część kocimiętki
- 1 część liści mięty zielonej i trawy cytrynowej
- 1-częściowe kwiaty nagietka
- 1-częściowa jarmułka
- 1 część liści rozmarynu i szałwii
- 1 część nasion kopru włoskiego

INSTRUKCJE:

- ☑ Umieść wszystkie zioła w torebce z herbatą.
- ☑ Włożyć do kubka, zalać wrzącą wodą.
- ☑ Parz przez 10 minut.
- ☑ Wyjmij torebkę z herbatą i dodaj słodzik.

26.Herbata na bezsenność

ROBI: 2

SKŁADNIKI
- 1 ½ uncji suszonych liści werbeny
- 1 uncja rumianku
- ½ uncji mięty zielonej

INSTRUKCJE:
☑ Wszystko wymieszaj i zalej 1 szklanką wrzącej wody.
☑ Strome przez 8 minut; napięcie.

27.Herbata mniej stresująca

ROBI: 2

SKŁADNIKI
- 1 część rumianku
- 1 część mięty
- 1-częściowe kwiaty nagietka

INSTRUKCJE:
- ☑ Umieść wszystkie zioła w torebce z herbatą.
- ☑ Włożyć do kubka, zalać wrzącą wodą.
- ☑ Parz przez 10 minut.
- ☑ Wyjmij torebkę z herbatą i dodaj słodzik.

28. Herbata poprawiająca nastrój

ROBI: 4

SKŁADNIKI
- 1 łyżeczka kwiatów rumianku
- 1 łyżeczka kolców lawendy
- 1 łyżeczka liści kavy
- 1 łyżeczka liści melisy
- 1 łyżeczka majeranku
- 1 oprysk kwiatów waleriany
- 4 szklanki przegotowanej wody

INSTRUKCJE:
- ☑ W rondelku zalać wszystko przegotowaną wodą.
- ☑ Odcedź materiał roślinny.
- ☑ Pij herbatę gorącą lub chłodną.

29.Mieszanka Zestu Pamięci

ROBI: 2

SKŁADNIKI
- 1-częściowy miłorząb
- 1-częściowa gotu kola i liście mięty pieprzowej
- Jednoczęściowe topy z czerwoną koniczyną
- 1 część liści rozmarynu
- 1 część korzenia imbiru
- szczypta stewii.

INSTRUKCJE:
- ☑ Umieść wszystkie zioła w torebce z herbatą.
- ☑ Włożyć do kubka, zalać wrzącą wodą.
- ☑ Parz przez 10 minut.
- ☑ Wyjmij torebkę z herbatą i dodaj słodzik.

30. Herbata na migrenę

ROBI: 2

SKŁADNIKI
- 1 2/3 uncji suszonego dziurawca zwyczajnego
- 1 uncja waleriany
- 1 uncja kwiatów lipy
- 1/4 uncji jagód jałowca

INSTRUKCJE:
- ☑ Zaparzyć 10 minut w 1 szklance gorącej wody.
- ☑ Odcedź i podawaj.

31. Herbata Księżycowa

ROBI: 2

SKŁADNIKI

- 2-częściowa kora krabowa
- 1 część jagód czystego drzewa
- 1 część każdego liścia mięty zielonej i jarmułki
- 1-częściowy korzeń prawoślazu
- 1 część ziela passiflory
- 1 część korzenia imbiru

INSTRUKCJE:

☑ Umieść wszystkie zioła w torebce z herbatą.
☑ Włożyć do kubka, zalać wrzącą wodą.
☑ Parz przez 10 minut.
☑ Wyjmij torebkę z herbatą i dodaj słodzik.

32.Herbata Moje Nerwy

ROBI: 2

SKŁADNIKI
- 2-częściowy rumianek
- 1-częściowy jaśmin
- Chmiel 1-częściowy
- 1-częściowa lawenda
- 1-częściowa Yerba Mikołajowa
- 1-częściowa Gota Kola
- 1-częściowa dziurawiec zwyczajny

INSTRUKCJE:
- ☑ Umieść wszystkie zioła w torebce herbaty, włóż do najładniejszego kubka i zalej wrzącą wodą.
- ☑ Parz przez 10 minut.
- ☑ Wyjmij torebkę z herbatą i dodaj słodzik.

33.Naturalna herbata koncentracyjna

ROBI:2

SKŁADNIKI
- 1-częściowy nagietek
- 1 część mięty,
- 1-częściowe kwiaty szałwii
- 1 część liści krwawnika

INSTRUKCJE:
- ☑ Umieść wszystkie zioła w torebce z herbatą.
- ☑ Włożyć do kubka, zalać wrzącą wodą.
- ☑ Parz przez 10 minut.
- ☑ Wyjmij torebkę z herbatą i dodaj słodzik.

34.Herbata z kwiatami goździków i rumiankiem na nudności

ROBI: 2

SKŁADNIKI
- ½ łyżeczki suszonego korzenia imbiru
- ½ łyżeczki kwiatów goździków
- 1 łyżeczka kwiatów rumianku

INSTRUKCJE:
- ☑ Zioła zalać 1 szklanką wrzącej wody.
- ☑ Zaparzaj przez 10 minut, odcedź i ostudź.

35. Herbata z dziurawca i waleriany

ROBI: 2

SKŁADNIKI
- 1 1/3 uncji dziurawca zwyczajnego
- 1 uncja liści melisy
- 1 uncja waleriany

INSTRUKCJE:
- ☑ Zaparzyć 10 minut w 1 szklance gorącej wody.
- ☑ Odcedzić i w razie potrzeby dosłodzić.
- ☑ Pij przed pójściem spać.

36. Chmiel, pokrzywa i liście truskawek Herbata

ROBI: 4

SKŁADNIKI

- 4 szklanki wrzącej wody
- 1 łyżeczka suszonego chmielu
- 1 łyżeczka pokrzywy
- 1 łyżeczka świeżych płatków róż
- 1 łyżeczka suszonych liści truskawek
- 1 łyżeczka świeżych liści orzecha włoskiego
- 3 łyżki suszonych liści szałwii

INSTRUKCJE:

☑ Wszystkie składniki połączyć, przykryć i zaparzać przez godzinę.

☑ Odcedzić i dosłodzić miodem.

37.Herbata z liści malin i kocimiętki

ROBI: 2

SKŁADNIKI

- 1 część liści malin
- 1 część kocimiętki
- 1 część każdego liścia mięty zielonej i jarmułki
- 1-częściowe kwiaty nagietka
- szczypta stewii

INSTRUKCJE:

- ☑ Wszystkie zioła włóż do torebki herbaty, włóż do kubka i zalej wrzącą wodą.
- ☑ Parz przez 10 minut. Wyjmij torebkę z herbatą i dodaj słodzik.

38.Herbata z melisą i oregano

ROBI: 2

SKŁADNIKI

- 1 część oregano
- 2-częściowy rumianek
- 1 część melisy
- 1 część tymianku cytrynowego

INSTRUKCJE:

- ☑ Umieść wszystkie zioła w torebce z herbatą.
- ☑ Włożyć do kubka, zalać wrzącą wodą.
- ☑ Parz przez 10 minut.
- ☑ Wyjmij torebkę z herbatą i dodaj słodzik.

39.Herbata relaksacyjna z melisą

ROBI: 2

SKŁADNIKI
- 2 części rumianku
- 1 część melisy
- 1 część skórki z cytryny
- 1 część tymianku

INSTRUKCJE:
- ☑ Umieść wszystkie zioła w torebce z herbatą.
- ☑ Włożyć do kubka, zalać wrzącą wodą.
- ☑ Parz przez 10 minut.
- ☑ Wyjmij torebkę z herbatą i dodaj słodzik.

40.Herbata łagodząca z hyzopu

ROBI: 2

SKŁADNIKI

- 1 część mięty
- 1 część hyzopu
- 1 część oregano
- 1 część pietruszki
- 1 część melisy

INSTRUKCJE:

- ☑ Umieść wszystkie zioła w torebce z herbatą.
- ☑ Włożyć do kubka, zalać wrzącą wodą.
- ☑ Parz przez 10 minut.
- ☑ Wyjmij torebkę z herbatą i dodaj słodzik.

41. Herbata z melisą na nerwowość

ROBI: 2

SKŁADNIKI
- 1 ½ uncji liści mięty pieprzowej
- 1 ½ uncji liści melisy

INSTRUKCJE:
☑ Zaparzaj przez 10 minut w 1 szklance gorącej wody i odcedź.

42.Herbata miętowa na brzuch

ROBI:2

SKŁADNIKI
- 1 szklanka suszonej mięty pieprzowej
- 1 łyżka suszonego rozmarynu
- 1 łyżeczka suszonej szałwii

INSTRUKCJE:
- ☑ Zmiażdż składniki i dobrze wymieszaj.
- ☑ Zanurz 1 czubatą łyżeczkę w szklance wrzącej wody przez 1 minutę.
- ☑ Dosłodzić miodem.

43.Herbata miętowa i melisowa

ROBI: 1

SKŁADNIKI
- 8 uncji liści mięty pieprzowej
- 8 uncji liści melisy
- 8 uncji nasion kopru włoskiego

INSTRUKCJE:
☑ Parzyć przez 10 minut w 1 szklance gorącej wody; napięcie.

44. Herbata mądrej kobiety

ROBI: 2

SKŁADNIKI

- Serdecznik 1-częściowy
- 1-częściowa szałwia
- 1 część liści pokrzywy
- Po 1 części melisy i liści bylicy
- 1 część jagód czystego drzewa
- Skrzyp 1-częściowy

INSTRUKCJE:

- ☑ Umieść wszystkie zioła w torebce z herbatą.
- ☑ Włożyć do kubka, zalać wrzącą wodą.
- ☑ Parz przez 10 minut.
- ☑ Wyjmij torebkę z herbatą i dodaj słodzik.

45. Połączenie waleriany i padaczki jarmułkowej

ROBI: 1

SKŁADNIKI
- 1 łyżeczka waleriany
- 1 łyżeczka jarmułka
- 1 łyżeczka chmielu

INSTRUKCJE:
- ☑ Zagotuj wodę i dodaj zioła.
- ☑ Przykryj garnek pokrywką i pozostaw do zaparzenia na 5 minut.

46. Herbata rumiankowa na zgagę

ROBI: 2

SKŁADNIKI
- 1 łyżka rumianku
- 1 łyżka mięty pieprzowej
- 2 strąki anyżu gwiazdkowatego

INSTRUKCJE:
- ☑ Gotuj strąki przez 5 minut, a następnie zalej rumianek i miętę pieprzową herbatą anyżową.
- ☑ Pij jedną filiżankę co godzinę przez dwie godziny przed snem.

47. Herbata pielęgnująca pamięć Gingko Biloba

ROBI: 2

SKŁADNIKI
- 1 łyżeczka miłorzębu japońskiego
- 1 łyżeczka żeń-szenia Panax
- 1 łyżeczka mięty pieprzowej

INSTRUKCJE:
☑ Zagotuj dwie szklanki wody.
☑ Dodaj zioła i załóż szczelną pokrywkę na garnek na pięć do dziesięciu minut.
☑ Weź jedną filiżankę rano i jedną filiżankę około południa.

48.Herbata chmielowa dla niemowląt

ROBI: 2

SKŁADNIKI
- 1 łyżeczka chmielu
- 1 łyżeczka rumianku

INSTRUKCJE:
- ☑ Do szklanego lub porcelanowego garnka wlej 4 szklanki wody i zagotuj.'
- ☑ Zdejmij garnek z ognia i dodaj zioła.
- ☑ Załóż szczelną pokrywkę na garnek i pozostaw do zaparzenia na pięć minut.
- ☑ Odcedź zioła.
- ☑ Umieścić w szklanej butelce.

49.Herbata pogromca depresji brzeczki

ROBI: 1

SKŁADNIKI
- 1 łyżeczka dziurawca zwyczajnego
- 1 łyżeczka miłorzębu japońskiego

INSTRUKCJE:
- ☑ Wlej 1 szklankę wody do szklanego lub porcelanowego garnka i zagotuj.
- ☑ Zdejmij garnek z ognia i dodaj zioła.
- ☑ Załóż szczelną pokrywkę na garnek i pozostaw do zaparzenia na pięć minut. Odcedź zioła.
- ☑ Przełożyć do filiżanki i dosłodzić miodem.

50.Herbata miętowo-pomarańczowa

ROBI: 8 PORCJI
SKŁADNIKI:
- 1 czerwona pomarańcza, obrana i podzielona na segmenty
- 1 torebka herbaty miętowej
- 4 szklanki wody
- 1/4 szklanki mrożonego koncentratu lemoniady
- 6 torebek herbaty do wyboru

INSTRUKCJE:
- ☑ Doprowadź wodę do punktu wrzenia.
- ☑ Umieścić w torebkach pomarańczy i herbaty.
- ☑ Pozwól mu powoli parzyć przez pół godziny do godziny.
- ☑ Wyjmij torebkę z herbatą i wymieszaj z koncentratem lemoniady.
- ☑ Pij schłodzony.

51.Herbata mrożona z granatów

ROBI: 10 PORCJI

SKŁADNIKI:
- 1/2 granatu
- 2 łyżki miodu
- 4 szklanki wrzącej wody
- 6 torebek herbaty

INSTRUKCJE:
- ☑ Do dzbanka zalej wrzącą wodą torebki z herbatą.
- ☑ Przykryj i zaparzaj przez około pięć minut.
- ☑ Dodajemy granat i miód i mieszamy, aż składniki się połączą.
- ☑ Wlać do szklanki wypełnionej lodem.

52. Mrożona herbata malinowo-bazyliowa

ROBI: 8 PORCJI

SKŁADNIKI:
- 1 szklanka świeżych liści bazylii
- 1 szklanka wody
- 1 funt malin
- 1/4 szklanki nektaru z agawy
- 8 torebek herbaty
- Kostki lodu do podania

INSTRUKCJE:
- Zagotuj 6 szklanek wody na patelni.
- Zdejmij z ognia, włóż do torebek z herbatą i pozostaw do zaparzenia na pięć do dziesięciu minut.
- Umieść maliny w pojemniku. Zagotuj 1 szklankę wody.
- Wyłącz ogień i dodaj nektar z agawy i bazylię.
- Pozwól mu parzyć przez dziesięć do dwunastu minut.
- Polać nim maliny i pozbyć się listków bazylii. Ostudzić; Włożyć do przygotowanej herbaty.
- Włóż do lodówki do momentu zastygnięcia i podawaj z kostkami lodu.

53. Herbata mrożona z rumiankiem malinowym

ROBI: 6 PORCJI

SKŁADNIKI:
- 1 litr świeżych malin
- 1 laska wanilii, przecięta wzdłuż
- 6 torebek herbaty rumiankowej
- 6 szklanek wrzącej wody

INSTRUKCJE:
- ☑ Do dzbanka włóż torebki herbaty i ziarenka wanilii.
- ☑ Włóż do wrzącej wody i pozostaw do zaparzenia na około pięć minut.
- ☑ Wyjmij torebki z herbatą.
- ☑ Zmiksuj maliny w blenderze i przetrzyj je, aby usunąć nasiona.
- ☑ Do herbaty włóż puree malinowe.
- ☑ Podać schłodzone.

54. Herbata mrożona z malin i winogron

ROBI: 8 PORCJI

SKŁADNIKI:
- 16-uncjowa butelka pomarańczowego delikatnego napoju, schłodzona
- 1 szklanka malin
- 1 limonka, pokrojona
- 2 rodzinne torebki herbaty
- 3 szklanki soku winogronowego
- 4 szklanki wody

INSTRUKCJE:
- ☑ Zmiel maliny w robocie kuchennym.
- ☑ Przecier malinowy przelać przez drobne sitko.
- ☑ Zagotuj 4 szklanki wody na patelni.
- ☑ Wyłącz ogień i włóż do torebek z herbatą.
- ☑ Strome przez około pięć minut.
- ☑ Pozbądź się torebek z herbatą.
- ☑ Do puree malinowego dodać sok winogronowy, limonkę i napój pomarańczowy. Dobrze wymieszać.
- ☑ Przykryj i schłódź przez noc. Podać schłodzone.

55. Odświeżający zapach malinowego hibiskusa

ROBI: 8 PORCJI

SKŁADNIKI:
- 1/2 szklanki nektaru z agawy
- 2 szklanki musującego cydru jabłkowego, schłodzonego
- 4 szklanki wrzącej wody
- 8 torebek herbaty hibiskusowej

INSTRUKCJE:
- ☑ Zalać wrzącą wodą torebki z herbatą. strome przez około dziesięć minut.
- ☑ pozbądź się torebek z herbatą.
- ☑ Wymieszaj nektar z agawy.
- ☑ Schłodź, aż będzie gotowy do podania.
- ☑ Wlać musujący cydr; podawać z kostkami lodu.

56.Musująca mrożona herbata żurawinowa

ROBI: 12 PORCJI

SKŁADNIKI:
- 4 szklanki wody
- 2 torebki herbaty
- 3 szklanki świeżego soku żurawinowego
- 4 szklanki wody gazowanej
- Paski skórki pomarańczowej do dekoracji
- 1/2 szklanki syropu klonowego

INSTRUKCJE:
- ☑ Zagotuj 4 szklanki wody.
- ☑ Umieścić w syropie klonowym, okresowo mieszając, aż się rozpuści.
- ☑ Wlej wodę klonową na torebki herbaty.
- ☑ Pozwól mu parzyć przez około pięć minut.
- ☑ Pozbądź się torebek z herbatą.
- ☑ Włóż je do soku żurawinowego i ostudź.
- ☑ Wlać wodę gazowaną, rozdzielić do szklanek i udekorować skórką pomarańczową.

57. Musująca mrożona herbata jabłkowa

ROBI: 6 PORCJI

SKŁADNIKI:
- 1 szklanka wrzącej wody
- 1/4 szklanki wody gazowanej
- 2 torebki zielonej herbaty
- 3 gałązki mięty
- 3/4 szklanki soku jabłkowego Kostki lodu

INSTRUKCJE:
- ☑ Zanurz torebki herbaty we wrzącej wodzie przez około pięć minut.
- ☑ Wyjmij torebki z herbatą.
- ☑ Ułożyć resztę składników. Podać schłodzone.

58.Musująca herbata jabłkowa

ROBI: 12 PORCJI

SKŁADNIKI:
- 1/2 szklanki miodu
- 3 szklanki świeżego soku jabłkowego
- 4 szklanki wrzącej wody
- 4 szklanki wody gazowanej
- 4 torebki herbaty
- Plasterki jabłka, do dekoracji

INSTRUKCJE:
- ☑ Wymieszaj wrzącą wodę z torebkami herbaty. Pozwól mu parzyć przez kilka minut.
- ☑ Pozbądź się torebek z herbatą i wymieszaj z miodem i sokiem jabłkowym.
- ☑ Umieść go w wodzie gazowanej.
- ☑ Podawać udekorowane plasterkami jabłka.

59.Musująca herbata jagodowa

ROBI: 6 PORCJI

SKŁADNIKI:
- 1/2 szklanki nektaru z agawy
- 3 szklanki soku jagodowego
- 4 szklanki wody gazowanej
- 6 szklanek wrzącej wody
- 6 torebek zielonej herbaty

INSTRUKCJE:
- ☑ Zalać wrzącą wodą torebki z herbatą.
- ☑ Pozwól mu parzyć przez pięć do dziesięciu minut.
- ☑ pozbyć się torebek z herbatą; Umieść je w nektarze z agawy i soku z jagód.
- ☑ Mieszaj, aż się połączy i wstaw do lodówki, aby ostygła.
- ☑ Umieścić w wodzie gazowanej.
- ☑ Podać schłodzone.

60.Zielona herbata truskawkowa

ROBI: 6 PORCJI

SKŁADNIKI:
- 1 szklanka świeżych truskawek
- 1/4 szklanki soku z cytryny
- 4 torebki zielonej herbaty
- 4 szklanki wrzącej wody

INSTRUKCJE:
- ☑ Do dzbanka wlej wrzącą wodę na torebki z herbatą.
- ☑ Pozostaw na około pięć minut.
- ☑ Wyjmij torebki z herbatą.
- ☑ Zalewamy sokiem z cytryny i wstawiamy do lodówki do ostygnięcia.
- ☑ Zmiksuj truskawki w robocie kuchennym lub blenderze.
- ☑ Przesiej je, aby usunąć pestki truskawek.
- ☑ Do schłodzonej herbaty włóż puree truskawkowe.

61. Mrożona herbata truskawkowo-cytrynowa

ROBI: 10 PORCJI

SKŁADNIKI:
- 1 szklanka świeżego soku z cytryny
- 1 szklanka truskawek
- 1/2 szklanki syropu z agawy
- 10 torebek herbaty
- 3 szklanki wody gazowanej
- Jagody na szaszłyki

INSTRUKCJE:
- ☑ Zagotuj 10 szklanek wody. Wyłącz ogień i włóż do torebek z herbatą.
- ☑ Niech będzie stromo
- ☑ Wlać herbatę do dzbanka i pozostawić do ostygnięcia.
- ☑ Umieść truskawki i sok z cytryny w blenderze; dobrze zmiksuj.
- ☑ Odcedź przecier, aby pozbyć się pestek truskawek.
- ☑ Do herbaty w dzbanku włóż puree truskawkowe. Wymieszaj syrop z agawy i wodę gazowaną.
- ☑ Mieszaj, aby dobrze się wymieszać.
- ☑ Udekoruj szaszłykami owocowymi.

62. Herbata truskawkowo-mandarynkowa

ROBI: 8 PORCJI

SKŁADNIKI:

- 1 puszka mrożonego koncentratu lemoniady
- 2 szklanki truskawek, obranych i pokrojonych
- 3 mandarynki, obrane
- 8 torebek czarnej herbaty

INSTRUKCJE:

- ☑ Do dzbanka zalej torebki herbaty 8 szklankami wrzącej wody.
- ☑ Pozwól mu parzyć przez kilka minut,
- ☑ Zmiksuj truskawki i mandarynkę w blenderze, aż mieszanina będzie gładka.
- ☑ Umieść tę puree w zaparzonej herbacie.
- ☑ Umieścić w koncentracie lemoniady i mieszać aż do połączenia.

63.Letnia herbata pomarańczowa

ROBI: 4 PORCJI

SKŁADNIKI:
- 1/4 szklanki suszonych chryzantem
- 3 plasterki pomarańczy
- 4 szklanki wrzącej wody
- Syrop z agawy

INSTRUKCJE:
- ☑ W ceramicznym garnku umieść chryzantemy i plasterki pomarańczy.
- ☑ Zalać wrzącą wodą i przykryć pokrywką.
- ☑ Pozwól mu parzyć przez pięć minut. Wymieszać z syropem z agawy.
- ☑ Włóż do lodówki, aż ostygnie i podawaj schłodzone lub z lodem.

64. Mrożona herbata z mandarynką i lawendą

ROBI: 12 PORCJI

SKŁADNIKI:
- 1 ½ łyżeczki suszonej lawendy
- 1 mandarynka, obrana i pokrojona
- 8 szklanek wody
- 8 torebek herbaty
- Miód

INSTRUKCJE:
- ☑ Doprowadź wodę do wrzenia.
- ☑ Włóż do torebek z herbatą i zaparzaj przez 5 minut; przecedź herbatę do dzbanka.
- ☑ Ułożyć resztę składników.
- ☑ Ostudzić i podawać z kruszonym lodem.

65. Mrożona herbata truskawkowo-mandarynkowa

ROBI: 6 PORCJI

SKŁADNIKI:
- 1 szklanka soku z granatów
- 4 torebki herbaty ziołowej truskawkowej
- 6 szklanek wody
- 6 torebek herbat ziołowych z mandarynkami
- Kostki lodu
- Truskawki, do dekoracji

INSTRUKCJE:
- ☑ Do garnka wlać wodę i doprowadzić ją do punktu wrzenia.
- ☑ Włóż do torebek z herbatą i pozostaw na około pół godziny. pozbyć się torebek z herbatą.
- ☑ Przelej herbatę do dzbanka.
- ☑ Włóż do soku z granatów i mieszaj, aż się połączy.
- ☑ Dosłodź herbatę i podawaj z truskawkami.

66.Mrożona herbata z ogórkiem limonkowym

ROBI: 8 PORCJI

SKŁADNIKI:
- 1/2 szklanki ogórka, pokrojonego
- 1/4 szklanki miodu z dzikich kwiatów
- 2 limonki
- 8 szklanek wrzącej wody
- 5 torebek herbaty

INSTRUKCJE:
- ☑ Wlać wrzącą wodę do dzbanka.
- ☑ Ułożyć resztę składników.
- ☑ Wstawić do lodówki na 2 godziny lub do momentu, aż smaki się przegryzą.
- ☑ Podać schłodzone.

67. Herbata mrożona z limonką

ROBI: 10 PORCJI

SKŁADNIKI:
- 6-uncjowa puszka koncentratu limonki
- 1 szklanka liści mięty, luźno zapakowanych
- 3 szklanki gotującej się wody
- 4 szklanki zimnej wody
- 4 torebki herbaty

INSTRUKCJE:
- ☑ Wlać gotującą się wodę do garnka do gotowania.
- ☑ Umieść w torebkach herbaty i świeżych liściach mięty.
- ☑ Parz przez 10 minut.
- ☑ Pozbądź się torebek po herbacie i liści mięty.
- ☑ Dodaj wybrany słodzik.
- ☑ Zalej 4 szklankami zimnej wody i koncentratu limonki.
- ☑ Podawać z kostkami lodu.

68.Zielona herbata z mango

ROBI: 4 PORCJI

SKŁADNIKI:
- 1 szklanka nektaru z mango
- 1 filiżanka zielonej herbaty
- 1 gałązka szałwii
- Kawałki mango do dekoracji

INSTRUKCJE:
- ☑ W dzbanku wymieszaj herbatę, szałwię i nektar z mango.
- ☑ Podawać z lodem udekorowanym kawałkami mango.

69.Herbata klonowo-malinowa

ROBI: 10 PORCJI

SKŁADNIKI:
- 1/2 szklanki mieszanki lemoniady w proszku
- 1 szklanka świeżych malin
- 1 galon wody
- 2 łyżki syropu klonowego
- 3 torebki herbaty

INSTRUKCJE:
- ☑ Na patelni zagotuj wodę.
- ☑ Umieścić w torebkach herbaty i malinach.
- ☑ Pozwól tej mieszaninie parzyć przez około pięć minut; wyjmij torebki z herbatą.
- ☑ Dodajemy syrop klonowy i lemoniadę, dobrze mieszamy.
- ☑ Schłodzić i podawać z kostkami lodu.

70. Herbata żurawinowa mamy

ROBI: 12 PORCJI

SKŁADNIKI:
- 12-uncjowa puszka koncentratu soku żurawinowego
- 1 galon wody
- 13 torebek herbaty

INSTRUKCJE:
- ☑ W garnku zagotuj wodę.
- ☑ Umieść go w torebkach z herbatą i pozostaw do zaparzenia na kilka minut.
- ☑ Wlać sok żurawinowy i mieszać, aż się rozpuści.
- ☑ Dosłodzić nektarem z agawy i podawać schłodzone.

71. Tropikalna mrożona herbata

ROBI: 12 PORCJI

SKŁADNIKI:
- 1 szklanka świeżego soku pomarańczowego
- 1 szklanka ananasa
- 1/2 szklanki syropu z agawy
- 12 szklanek wrzącej wody
- 12 torebek herbaty
- 3 szklanki sody cytrynowej

INSTRUKCJE:
- ☑ Umieść wrzącą wodę i torebki herbaty w czajniczku;
- ☑ Pozwól mu ostygnąć.
- ☑ Wstawić do lodówki do momentu schłodzenia.
- ☑ Do blendera włóż sok ananasowy i pomarańczowy.
- ☑ Ucieraj, aż mieszanina będzie jednolita i gładka.
- ☑ Do dzbanka włóż puree ananasowe.
- ☑ wymieszaj z syropem z agawy i sodą cytrynową.
- ☑ Wymieszaj i podawaj schłodzone.

72. Herbata waniliowo-jaśminowa

ROBI: 8 PORCJI

SKŁADNIKI:
- 1 laska wanilii, przecięta wzdłuż
- 1/2 szklanki soku pomarańczowego
- 1/3 szklanki miodu
- 12 torebek zielonej herbaty jaśminowej
- 4 szklanki zimnej wody
- 4 szklanki gotującej się wody

INSTRUKCJE:
- ☑ Włóż torebki herbaty i ziarenka wanilii do gotującej się wody na dwie do trzech minut.
- ☑ Wyjmij torebki z herbatą i wlej herbatę do dzbanka.
- ☑ Wymieszaj sok pomarańczowy i miód; mieszaj, aż miód się rozpuści.
- ☑ Zalać 4 szklankami zimnej wody.
- ☑ Podać schłodzone.

73. Mrożona cytrusowa herbata słoneczna

ROBI: 4 PORCJI

SKŁADNIK

- 2 ½ szklanki soku pomarańczowego
- 4 torebki herbaty Red Zinger
- 4 szklanki wody
- 1 limonka
- 1 Cytryna
- ¼ szklanki schłodzonego syropu prostego
- 1 Pomarańczowy pępek; pokrojony

INSTRUKCJE:

☑ Napełnij tackę na kostki lodu sokiem pomarańczowym i zamroź bez przykrycia do stanu stałego przez około 4 godziny.

☑ W dzbanku wymieszaj torebki herbaty z wodą i pozostaw herbatę do zaparzenia na 4 godziny.

☑ Wyjmij torebki z herbatą i schłodź herbatę pod przykryciem, aż będzie zimna, 30 minut.

☑ Połowę cytryny i limonki pokroić w plasterki, a pozostałe połówki wycisnąć do herbaty.

☑ Podawaj herbatę z kostkami lodu z sokiem pomarańczowym w wysokich szklankach.

74. Mrożona herbata imbirowo-ananasowa

ROBI: 4 PORCJI

SKŁADNIKI:
- 1 szklanka niesłodzonego soku ananasowego
- 2 łyżki soku z limonki
- 3 łyżki świeżego imbiru, posiekanego
- 3 łyżki miodu
- 4 szklanki wody
- 4 torebki herbaty

INSTRUKCJE:
- ☑ Na patelni zagotuj wodę.
- ☑ Wyłącz ogrzewanie.
- ☑ Włóż do torebek z herbatą i pozostaw do zaparzenia na 5 minut.
- ☑ pozbądź się torebek z herbatą; Ułożyć pozostałe składniki.
- ☑ Schłodź przez kilka godzin przed podaniem.

75. Herbata z hibiskusa i granatu

ROBI: 8 PORCJI

SKŁADNIKI:
- 1 szklanka nektaru z granatów
- 1/4 szklanki sypkiej herbaty z hibiskusa
- 4 szklanki wrzącej wody
- 4 szklanki zimnej wody
- Kawałki pomarańczy do dekoracji

INSTRUKCJE:
- ☑ Zaparz herbatę z hibiskusa we wrzącej wodzie przez około pięć minut.
- ☑ Odcedź herbatę, wlej ją do dzbanka.
- ☑ Wymieszaj nektar z granatów i zimną wodę.
- ☑ Włóż do lodówki do momentu schłodzenia.
- ☑ Podawać z lodem, udekorowane cząstkami pomarańczy.

76. Herbata jaśminowa z mlekiem migdałowym

ROBI: 8 PORCJI

SKŁADNIKI:
- 8 torebek herbaty jaśminowej
- Plasterki limonki, do dekoracji
- 1/4 szklanki miodu
- 1/4 szklanki gęstej śmietanki
- 1/4 szklanki niesłodzonego mleka migdałowego

INSTRUKCJE:
- ☑ Zagotuj 6 szklanek wody i włóż do torebek z herbatą.
- ☑ Wyłącz ogień i pozostaw herbatę do zaparzenia na około pięć minut.
- ☑ Umieść w miodzie, gęstej śmietanie i mleku migdałowym.
- ☑ Udekoruj plasterkami limonki.
- ☑ Podawaj herbatę na kruszonym lodzie.

77. Mrożona herbata rukolowo-miętowa

ROBI: 1 porcja

SKŁADNIKI:
- 1 łyżka syropu z agawy
- 1 łyżka świeżego soku z limonki
- 1/2 szklanki zaparzonej zielonej herbaty, schłodzonej
- 4 listki małej rukoli
- 6 liści mięty

INSTRUKCJE:
- ☑ W szklance rozmieszać sok z limonki z liśćmi rukoli, listkami mięty i syropem z agawy.
- ☑ Wlać schłodzoną herbatę.
- ☑ Wymieszaj i podawaj schłodzone.

78. Herbata Cayenne

ROBI: 1

SKŁADNIKI:
- 1/8 łyżeczki proszku cayenne
- 1 łyżka świeżego soku z cytryny
- 1 łyżeczka surowego miodu
- 1 szklanka przegotowanej wody

INSTRUKCJE:
- ☑ Umieść proszek cayenne w kubku.
- ☑ Zalej nim wodę. Natychmiast zamieszaj
- ☑ Dodaj sok z cytryny i miód. Wymieszaj ponownie, aby wszystko się wymieszało
- ☑ Ostudzić, a następnie wypić.

79. Malezyjska herbata

ROBI: 8 PORCJI

SKŁADNIKI:
- 8 szklanek wrzącej wody
- 4 torebki zielonej herbaty lub
- 8 łyżeczek sypkich liści zielonej herbaty
- ½ łyżeczki cynamonu
- ¼ łyżeczki mielonego kardamonu
- 2 łyżki cukru

INSTRUKCJE:
- ☑ Wszystkie składniki umieścić w czajniczku i zaparzać przez 2 minuty.
- ☑ Podawać samo lub z płatkami migdałów.

80. Herbata toffi cynamonowa

ROBI: 1 PORCJA

SKŁADNIKI:
- 1 filiżanka gorącej herbaty
- 2 twarde cukierki toffi
- 1 łyżka miodu
- ½ łyżeczki soku z cytryny
- 1 laska cynamonu

INSTRUKCJE:
- ☑ Mieszaj, aż cukierki się rozpuszczą lub usuń pozostałe kawałki przed wypiciem

81. Herbata pomarańczowo-gałkowa

ROBI: 1 PORCJA

SKŁADNIKI:
- 1 szklanka herbaty rozpuszczalnej w proszku
- 1 szklanka cukru
- 0,15 uncji mieszanki napojów o smaku pomarańczowym
- 1 łyżeczka mielonej gałki muszkatołowej

INSTRUKCJE:
☑ W misce połącz wszystkie składniki; mieszaj, aż dobrze się wymiesza.

82.Herbata Sajgon

ROBI: 4 PORCJI

SKŁADNIKI:
- 2 łyżki herbaty
- 4 szklanki wrzącej wody
- cząstki cytryny
- 12 Całe goździki
- 12 Jagody przyprawowe
- 2-calowa laska cynamonu

INSTRUKCJE:
- ☑ Włóż herbatę do podgrzanego garnka; Dodaj wodę.
- ☑ Dodaj goździki, ziele angielskie i cynamon; pozostawić do zaparzenia na 5 minut.
- ☑ Przelej przez sitko do wysokich szklanek z lodem.
- ☑ Udekoruj cytryną.

83. Herbata Masala

ROBI: 8 PORCJI

SKŁADNIKI:

- 6 filiżanek -Zimna woda
- ⅓ szklanki mleka
- 3-calowy kij cynamonu
- 6 zielonych kardamomów w całości
- 4 goździki, całe
- 12 Czarny pieprz
- 12 łyżek cukru
- 9 torebek herbaty pomarańczowej pekoe

INSTRUKCJE:

☑ W rondelku połącz wodę i mleko, zagotuj.
☑ Dodaj przyprawy i cukier.
☑ Mieszaj, aby wymieszać i wyłącz ogrzewanie.
☑ Przykryj patelnię i odstaw przyprawy na 10 minut.
☑ Dodaj liście herbaty lub torebki herbaty i zagotuj wodę do drugiego wrzenia.
☑ Zmniejsz ogień i gotuj pod przykryciem przez 5 minut.
☑ Przecedź herbatę do ciepłego dzbanka i natychmiast podawaj.

84.Rosyjska herbata

ROBI: 6 PORCJI

SKŁADNIKI:
- 2 szklanki Tang
- ¾ filiżanki zwykłej herbaty rozpuszczalnej
- 1 szklanka cukru
- 1 łyżeczka cynamonu
- 3 uncje mieszanki lemoniady Country Time
- ½ łyżeczki goździków
- ½ łyżeczki ziela angielskiego

INSTRUKCJE:
- ☑ Wymieszaj wszystko.
- ☑ Stosować 2 czubate łyżeczki na filiżankę gorącej wody.

85. Chai Kurdi

ROBI: 4 PORCJI

SKŁADNIKI:
- 1 łyżka liści herbaty indyjskiej
- 1 cynamon; stick
- woda, wrząca
- Kostki cukru

INSTRUKCJE:
- ☑ Herbatę i cynamon wsyp do imbryka i zalej wrzącą wodą.
- ☑ Pozwól mu parzyć przez 5 minut.
- ☑ Podawać gorące z kostkami cukru.

86.Mrożona herbata cynamonowo-gruszkowa

ROBI: 6 PORCJI

SKŁADNIKI:
- ½ szklanki niesłodzonego soku gruszkowego
- 1 laska cynamonu
- 1 łyżka soku z cytryny
- 2½ łyżki nektaru z agawy
- 2 łyżki świeżego imbiru, posiekanego
- 6 torebek czarnej herbaty
- 6 szklanek wody

INSTRUKCJE:
- ☑ Na patelni zagotuj wodę.
- ☑ Wyłącz ogień i włóż laskę cynamonu i torebki herbaty.
- ☑ Pozostaw do zaparzenia na pięć do siedmiu minut.
- ☑ pozbądź się torebek z herbatą i umieść je w pozostałych składnikach.
- ☑ Schłodź przez 2 godziny przed podaniem.

87. Herbata pomarańczowa z goździkami i gałką muszkatołową

ROBI: 20 PORCJI

SKŁADNIKI:
- 1 łyżeczka zmielonych goździków
- 1/4 szklanki mieszanki napojów o smaku pomarańczowym
- 1/4 szklanki herbaty rozpuszczalnej o smaku cytrynowym
- 1/4 łyżeczki mielonej gałki muszkatołowej

INSTRUKCJE:
- ☑ Wymieszaj wszystkie składniki.
- ☑ Przejdź do dzbanka
- ☑ Zalać go wrzącą wodą.
- ☑ Podawać na gorąco lub schłodzone!

88.Spritzer z nasionami kokosa i chia

ROBI: 2

SKŁADNIKI
- 1 filiżanka kokosowej herbaty Chia
- 1 szklanka wody mineralnej
- 4 krople Stewii

INSTRUKCJE:
- ☑ Dodaj schłodzoną, zaparzoną herbatę do słoika.
- ☑ Dodaj wodę mineralną i stewię.
- ☑ Wlać do szklanki wypełnionej lodem.

89. Herbata z nasion kopru

ROBI: 1 PORCJA

SKŁADNIKI
- 1 łyżeczka nasion kopru
- 1 szklanka wrzącej wody
- Miód

INSTRUKCJE:
- ☑ Umieść nasiona kopru w kulce herbaty lub po prostu włóż je do garnka i zalej wrzącą wodą.
- ☑ Pozwól mu parzyć przez kilka minut.
- ☑ Dodaj miód.

90.Herbata z nasion kolendry

ROBI: 1 PORCJA

SKŁADNIKI

- ½ łyżeczki nasion kolendry
- 1 łyżka świeżej kolendry
- 1 szklanka wody
- 1 łyżeczka sypkiej herbaty z dzikiej róży
- 1 łyżka koktajlu z sokiem żurawinowym

INSTRUKCJE:

- ☑ Zmiażdżyć kolendrę i umieścić ją w szklanej miarce na 2 filiżanki.
- ☑ Dodaj kolendrę i herbatę; odłożyć na bok.
- ☑ Doprowadzić wodę do punktu wrzenia; Zalej gorącą wodą mieszankę herbacianą.
- ☑ Rozgnieć kolendrę na bokach szklanej miarki.
- ☑ Strome, pod przykryciem, przez 10 minut.
- ☑ Odcedź herbatę; dodać sok i podawać.

91.Gorąca herbata lotosowa

ROBI: 6 PORCJI

SKŁADNIKI

- 4 szklanki wody
- ½ łyżeczki sody oczyszczonej
- 1 funt nasion lotosu
- 5 szklanek wody
- 1 szklanka cukru
- 2 jajka

INSTRUKCJE:

- ☑ Doprowadzić wodę do punktu wrzenia; wymieszać z sodą oczyszczoną.
- ☑ Nasiona lotosu zalej gorącą wodą i odstaw na 8 minut.
- ☑ Pocieraj palcami nasiona lotosu, aby je wyłuskać; przepłukać i odsączyć.
- ☑ Zagotuj pozostałą wodę; następnie wymieszaj z cukrem do rozpuszczenia.
- ☑ Dodaj nasiona lotosu i gotuj na wolnym ogniu pod przykryciem przez 1 godzinę.
- ☑ Jajka ubić i wymieszać z masą.
- ☑ Podawać na gorąco.

92. Herbata z nasionami lawendy i kopru włoskiego

ROBI: 2

SKŁADNIKI
- 1 szklanka wody
- ½ łyżeczki pączków lawendy
- kilka suszonych płatków róż
- 10-12 listków mięty
- ½ łyżeczki nasion kopru włoskiego

INSTRUKCJE:
- ☑ Podgrzej wodę w czajniku lub na patelni, aż zacznie wrzeć.
- ☑ Do ekspresu do kawy dodaj pąki lawendy, płatki róż, nasiona kopru włoskiego i liście mięty.
- ☑ Dodaj gorącą wodę.
- ☑ Pozostaw mieszaninę do zaparzenia na 4 minuty.
- ☑ Wciśnij tłok w dół.
- ☑ Podawaj herbatę w filiżance.

93. Herbata wiatropędna z nasion kopru włoskiego

ROBI: 1

SKŁADNIKI
- 1 szklanka wody
- 1 łyżka nasion kopru włoskiego

INSTRUKCJE:
☑ Zagotuj wodę i nasiona kopru włoskiego.
☑ Pozostaw na 15 minut.

94. Herbata z rumianku i kminku arcydzięgielowego

ROBI: 2

SKŁADNIKI
- 1 uncja rumianku
- 2/3 uncji mięty pieprzowej
- 1 uncja nasion kminku
- 2/3 uncji arcydzięgla

INSTRUKCJE:
- ☑ Całość zaparzaj przez 10 minut w 1 szklance gorącej wody i odcedź.

95.Herbata z dzikiej róży z nasionami kolendry

ROBI: 1 PORCJA

SKŁADNIKI:
- ½ łyżeczki nasion kolendry
- 1 łyżka świeżej kolendry
- 1 szklanka wody
- 1 torebka herbaty z dzikiej róży
- 1 łyżka koktajlu z sokiem żurawinowym

INSTRUKCJE:
- ☑ Zmiażdżyć kolendrę i umieścić ją w szklanej miarce na 2 filiżanki.
- ☑ Dodaj kolendrę i herbatę; odłożyć na bok.
- ☑ Doprowadzić wodę do punktu wrzenia; Zalej gorącą wodą mieszankę herbacianą.
- ☑ Rozgnieć kolendrę na bokach szklanej miarki; strome przez 10 minut.
- ☑ Odcedź herbatę; dodać sok i podawać.

96.Przyprawiona ulga w nasionach anyżu

ROBI: 2

SKŁADNIKI:
- 1 łyżeczka nasion anyżu, zmiażdżonych
- 2 laski cynamonu
- 1-calowy imbir, pokrojony w plasterki
- Miód
- 2 łyżeczki suszonej luzem Echinacei

INSTRUKCJE:
- ☑ Połącz przyprawy i echinaceę w garnku z trzema szklankami wody.
- ☑ Doprowadzić do wrzenia, a następnie gotować na wolnym ogniu przez 18 minut.
- ☑ Przelej do kubka i dodaj miód.

97. Herbata z mlekiem kokosowym

ROBI: 4 PORCJI

SKŁADNIKI:
- 1/4 łyżeczki startej gałki muszkatołowej
- 3/4 szklanki pełnotłustego mleka kokosowego, spienionego
- 4 szklanki gotującej się wody
- 4 torebki herbaty
- syrop klonowy

INSTRUKCJE:
- ☑ Do każdego kubka włóż 1 torebkę herbaty. Zalej torebkę z herbatą wrzącą wodą.
- ☑ Pozwól mu parzyć przez około pięć minut.
- ☑ Pozwól na chłodzenie.
- ☑ Wymieszać z syropem klonowym.
- ☑ Do herbaty wlać spienione mleko.
- ☑ Posypać startą gałką muszkatołową.

98. Uzdrawiająca herbata cytrynowo-miętowa

ROBI: 6 PORCJI

SKŁADNIKI:
- 1 ½ szklanki wrzącej wody
- 3 łyżeczki herbaty rozpuszczalnej
- 6 gałązek mięty
- 1 szklanka wrzącej wody
- 1 szklanka cukru
- ½ szklanki soku z cytryny

INSTRUKCJE:
- ☑ Połącz 1-½ szklanki wrzącej wody, herbaty rozpuszczalnej i mięty.
- ☑ Strome, pod przykryciem, przez 15 minut.
- ☑ Połącz 1 szklankę wrzącej wody, cukier i sok z cytryny.
- ☑ Po odcedzeniu drugą mieszaninę wymieszaj z mieszaniną mięty.
- ☑ Dodaj 4 szklanki zimnej wody.

99.Cytrusowa herbata opalająca

ROBI: 4 PORCJI

SKŁADNIKI:

- 4 łyżki czarnej herbaty
- Liście mięty; do przybrania
- 3 łyżki cukru granulowanego
- 6 cali gałązek mięty
- 4 szklanki zimnej wody
- Sok Z 1 Cytryny
- 2 szklanki świeżego soku pomarańczowego
- 1 Pomarańczowy

INSTRUKCJE:

- ☑ Połącz herbatę, wodę, cukier i gałązkę mięty w szklanym pojemniku.
- ☑ Wstrząsnąć i parzyć przez 3 godziny.
- ☑ Wymieszaj sok pomarańczowy i sok z cytryny z mieszanką herbaty.
- ☑ Odcedź mieszaninę i dodaj kawałki pomarańczy.
- ☑ Schłodzić i podawać udekorowane plasterkami pomarańczy i miętą.

100. Herbata Epazote

ROBI: 1 PORCJA

SKŁADNIK
- 2 litry wrzącej wody
- 8 Łodygi i liście świeżego epazote

INSTRUKCJE:
- ☑ Do wrzącej wody dodać epazote.
- ☑ Dusić przez 2 minuty.
- ☑ Podawać.

WNIOSEK

Podsumowując, herbatki lecznicze to wspaniały sposób na poprawę ogólnego samopoczucia, a jednocześnie cieszenie się pysznymi i zdrowymi napojami. Dzięki szerokiej gamie herbat do wyboru, każda o własnych unikalnych właściwościach i smakach, każdy znajdzie coś dla siebie. Niezależnie od tego, czy wolisz herbatę czarną, zieloną, białą, ziołową czy leczniczą, możesz łatwo przygotować te lecznicze herbaty w domu, używając prostych składników. Dlaczego więc nie wypróbować niektórych z tych przepisów i przekonać się, jak mogą one korzystnie wpłynąć na Twoje zdrowie i dobre samopoczucie?

www.ingramcontent.com/pod-product-compliance
Lightning Source LLC
LaVergne TN
LVHW021712060526
838200LV00050B/2622